Alexander Eichhorn · Birgit Schössow

Das Yoga-Bilderbuch

TULIPAN VERLAG

Vorwort

Wenn wir von Yoga sprechen, denken wir an Übungen, die man mit dem Körper macht. Eigentlich ist Yoga aber eine Philosophie aus Indien. Sie beschäftigt sich nicht nur mit dem Körper, sondern auch mit dem Geist. Mit ihr sollen die Menschen sich selbst besser verstehen, entspannen und zur Ruhe finden. Manche sagen sogar, dass man mit Yoga Schmerzen und Probleme überwinden kann.
So hat Yoga schon lange Einzug in den Alltag vieler Menschen auf der ganzen Welt gehalten.
Dieses Buch macht Kinder spielerisch mit verschiedenen Yoga-Übungen, den Asanas, vertraut. Hier können sie brüllen wie ein Löwe, einen Katzenbuckel machen, sich winden wie ein Krokodil oder sich zusammenkuscheln wie eine Maus.
Und ganz nebenbei fördern die Übungen Körperbewusstsein, Koordination, Gleichgewicht, Beweglichkeit, Konzentration, Ausgeglichenheit, Fantasie und Kreativität.
Die gemeinsame Reise durch dieses Buch kann zu einem kleinen Ritual werden, etwa abends vor dem Schlafengehen.
Alles, was Sie brauchen, ist etwas Zeit. Der Spaß an den Übungen stellt sich ganz von selbst ein. Sind die Kinder erst einmal mit den Übungen vertraut, können sie diese

auch alleine machen und einzeln in verschiedenen Situationen einsetzen.
In diesem Buch wird auf eine geschriebene Anleitung verzichtet, da die Illustrationen selbsterklärend sind. So können Kinder, die noch nicht lesen können, immer wieder nachschauen und sich selbst korrigieren. Die Abfolge der Übungen ist bewusst gewählt, sie muss aber nicht zwingend eingehalten werden.
Ein Tipp noch: Atmen Sie mit Ihrem Kind in den verschiedenen Übungen immer wieder tief durch und wiederholen Sie diese ruhig öfter.

Ich wünsche Ihnen viel Freude
mit Yoga!

Alexander Eichhorn

Katze

Marjaryasana

Winston

Hund

Adhomukhasvanasana

Löwe

Simhasana

Baum

Vrksasana

Adler

Garudasana

Kobra

Bhujangasana

Kamel

Ustrasana

Fisch

Matsyasana

Krokodil

Makarasana

Maus

Balasana

Schildkröte

Kurmasana

Yogischlaf

Savasana

Die Katze

... ist gut, wenn du müde bist.

Der Hund

... macht dich locker und beweglich, kräftigt deine Schultern und Arme.

Der Löwe

... macht dich stark. Mit dieser Übung kannst du mal so richtig Dampf ablassen.

Der Baum

... auch eine Gleichgewichtsübung, die dich außerdem noch klüger und stärker machen soll.

Der Adler

... sorgt dafür, dass du rundum fit bist. Außerdem kannst du üben, das Gleichgewicht zu halten wie ein Adler in der Luft.

Die Kobra

... macht deinen Rücken stark und hilft dir beim Wachsen.

Das Kamel

... macht dich wach und frisch
und trainiert deine Lunge.

Der Fisch

... öffnet dein Herz
und macht dich munter
wie ein Fisch im Wasser.

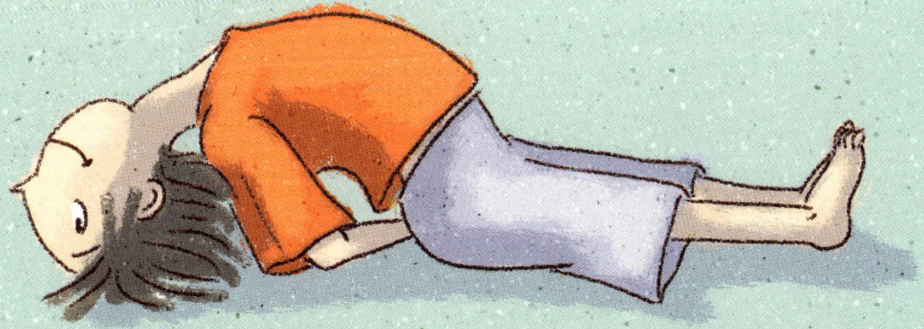

Das Krokodil

... bringt Magen und Darm in Bewegung und macht so richtig hungrig.

Die Maus

... ist gut, wenn du dich mal ausruhen musst. Mit dieser Übung kannst du dich einkuscheln wie das kleine Nagetier in seinem Nest.

Die Schildkröte

... hilft dir, am Abend
müde zu werden.

Der Yogischlaf

... die perfekte Übung für
schöne Träume.

Alexander Eichhorn,

1981 geboren, lebt und arbeitet in München. Der ehemalige Leistungssportler entdeckte irgendwann seine Leidenschaft für Yoga und ist seit 2006 als Yoga-Lehrer tätig. Er sorgt außerdem dafür, dass das Tulipan-Team auch in stressigen Zeiten tiefenentspannt bleibt.

Birgit Schössow

ist Hamburgerin und lebt an der Ostsee. Sie studierte Illustration an der Hochschule für Gestaltung in Hamburg und zeichnet und fantasiert seither für Kinder und Erwachsene. Ihre Illustrationen sieht man u. a. auf Covern von »The New Yorker«, »Die Zeit«, vielen Büchern oder auf der Bühne des St. Pauli Theaters in Hamburg.

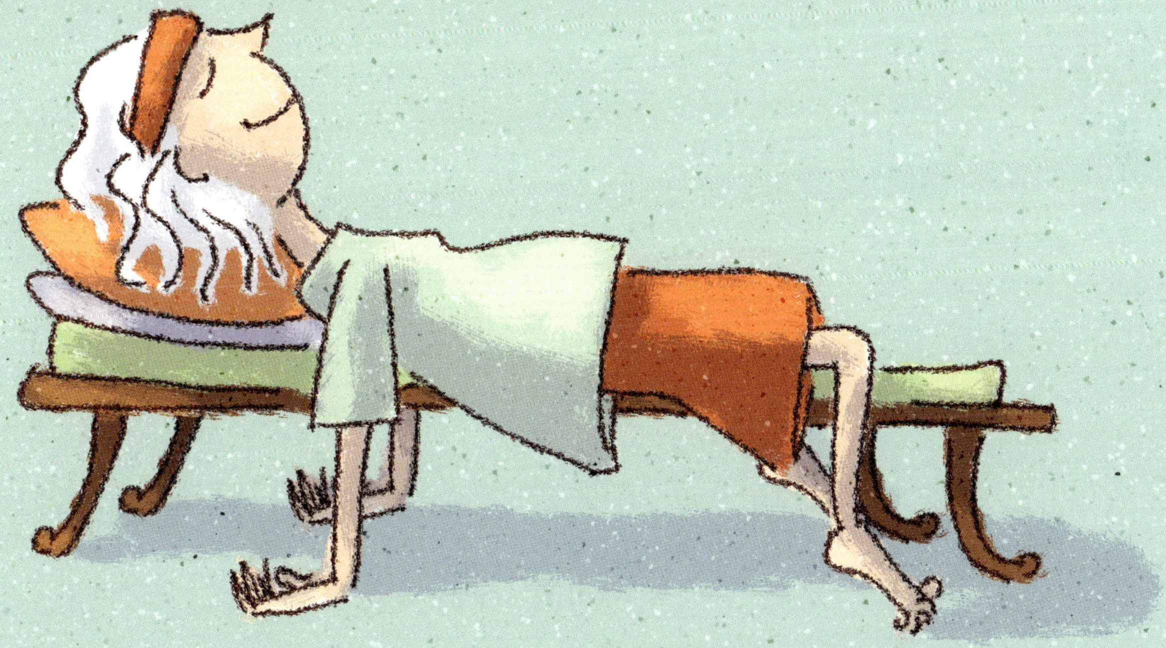

Besucht uns auf Facebook und Instagram!

TULIPAN-Newsletter
Tolle Lesetipps kostenlos per E-Mail!
www.tulipan-verlag.de

1. Auflage 2019
Text: Alexander Eichhorn
Bilder: Birgit Schössow
Lektorat und Redaktion: Angela Mense
Layout und Satz: Tulipan Verlag, Stephanie Raubach
Druck: Firmengruppe APPL, aprinta druck GmbH, Wemding
CD: © und ℗ headroom sound production GmbH & Co KG, Rupprechtstraße 5, 50937 Köln
Produktion: Theresia Singer, headroom
ISBN 978-3-86429-444-0

Inhalt Yoga-Hörbuch: So entspannen kleine Yogis

1. Bereite dich vor . . 0:42

Yoga-Übungen mit Anleitung

2. Die Katze 2:16
3. Der Hund 1:21
4. Der Löwe 1:56
5. Der Baum 2:52
6. Der Adler 2:48
7. Die Kobra 2:18
8. Das Kamel 1:35
9. Der Fisch 3:15
10. Das Krokodil 1:54
11. Die Maus 2:11
12. Die Schildkröte . . 2:51
13. Der Yogischlaf . . . 4:23

Yoga-Übungen ohne Anleitung

14. Einführung 0:08
15. Die Katze 2:17
16. Der Hund 1:21
17. Der Löwe 1:59
18. Der Baum 2:52
19. Der Adler 2:48
20. Die Kobra 2:17
21. Das Kamel 1:34
22. Der Fisch 3:15
23. Das Krokodil 1:42
24. Die Maus 2:10
25. Die Schildkröte . . 2:51
26. Der Yogischlaf . . . 4:23

Die Körperreise

27. Einführung für die Eltern (oder für den Erwachsenen) 0:17
28. Die Körperreise für das Kind 11:08